子どもも先生も楽しい

ちょこっとあそび＆ちょこっとシアター

グループこんぺいと
築 地 制 作 所 編著

黎明書房

もくじ

はじめに

子どもの気持ちをつかむ“きっかけ”づくりに「ちょこっとあそび」「ちょこっとシアター」をご活用ください

活動の切り替え時などに、子どもたちが落ち着かなかったり、活動に集中できなかったりして、困ることはありませんか。それは、子どもたちの気持ちが、切り替わっていないから。

新しい活動の前や、活動と活動の合い間には、それまでの活動での興奮や緊張をしずめ、次の活動に興味を向ける“きっかけ”が必要です。

そのためには、まず保育者が子どもたちの気持ちをつかむこと。「え、先生なあに?」「わあ、楽しそう!」と、子どもたちの興味をぎゅっとつかむことができれば、次の活動への移行がスムーズになります。

その“きっかけ”づくりに一役買うのが、ちょっとしたあそびやミニシアター。たくさんアイディアをもっていれば最強ですね。

そこで、本書では準備に手間のかからない「ちょこっとあそび」や「ちょこっとシアター」をたっぷり紹介します。

あそびの手順やシアターの流れを正確に覚える必要はありません。また、「朝の会に」などとシチュエーションを設定していますが、それに従わなくてもかまいません。本書のアイディアや場面設定を参考にしながら、気楽に取り入れてみてください。

毎日の保育に、「ちょこっとあそび」「ちょこっとシアター」がお役に立てばうれしいです。

グループこんぺいと
築地制作所

*本書は既刊の『準備のいらないちょこっとあそびBEST82』『活動を始める前のちょこっとシアターBEST41』を精選し再構成し、大判化したものです。

第1章

毎日の活動に使える ちょこっとあそび

日常的にいつでも使えるちょこっとあそびです。

毎日やる中で、子どもたちのおもしろい動作を加えたり

バリエーションをつけたりして、

「うちのクラスのオリジナルのあそび」を作りましょう。

朝の会に

1日のはじまりは、元気に明るいあいさつから始めたいですね。子どもが部屋に入ったらすぐに元気になるような、楽しいコミュニケーションを心がけましょう。

1 先生から切符をどうぞ

保育者が保育室の入り口にドーンと座って、子どもを迎えてみましょう。

スタート **「今日の先生は○○組の電車の切符やさんで〜す。先生から切符を買わないと、お部屋の中には入れませ〜ん」**

①「○○くん、おはよう」と、保育者は部屋の入り口に座って、切符売り場の人になろう。「どこ行きですか？」「あら、切符が売り切れです」などと、登園してきた子どもとおしゃべりをする。

②「はい、○○行きの切符です」と子どもの両手に保育者の両手を重ね「バチ〜ン」とたたいて、部屋に入ってもらう。

③ 全員がそろったら、クラスみんなで電車になって、部屋の中をグルグル。「○○くんの駅です」と席の近くで順番に降りてもらい、着席しよう。

point
1人ずつとおしゃべりをしながら、子どもの顔色、機嫌などをキャッチしましょう。

2 ピッポッパッタイム

1日のはじまりに、1人ずつ視診をかねて、携帯電話ごっこ。みんなで声を出すことで緊張感がほぐれます。

スタート　「ピッポッパッタイムです。さあ、お電話しようかな」

●全員で話そう

保育者が「ピッポッパッ、○○組に電話でーす」と言うと、子どもたち全員が携帯電話を持つしぐさ。保育者が「男の子はどこですか？」と話すと、男の子たちが手を上げて「ここでーす」と応える。

●指名して電話をかけよう

「○○ちゃん、ピッポッパッするよ」と言って、「ピッポッパッ、もしもし、○○ちゃんですね。朝ごはんは何食べてきたの？」など、会話をしよう。

ピッポッパッ もしもし 歯をちゃんと みがいて きた子は どこですか
みがいて ませーん…
しまった
忘れた…
はーい!
はーい

バリエーション

携帯電話のカメラでパチリごっこ

段ボールで作った携帯電話を子どものほうに向け、「パチリ」。携帯電話の画面ぐらいの大きさに切った紙に子どもの顔を素早くかいてわたしましょう。

携帯電話を作ろう

段ボールを携帯電話の大きさに切り、カッターで切れ目を入れ、そこを半分に折る。上半分には厚手のポリ袋を切って貼り、下半分のプッシュダイヤルには数字をかき、上からパッキング材を貼る。

活動の切り替えに

何か活動をやりたい、話をしたいというときに、ちょこっとあそびでパッと気分を切り替えましょう。でも、ちょこっとあそびの連続にならないよう注意。あまり盛り上げすぎずに、次の活動へいくのがポイントです。

3 手でバッチン！

スタート

「さあ、みんなで大きな拍手、できるかな？」「よく聞いてね。ストップもあるし、スピードアップもあるよ」

- 「手でバッチン、やってみようね」と大きな拍手。
- 机をバッチン。両手をパーにして、「1、2、3！」で「バッチン！」と机をたたく。連続してたたいて、「ストップ！」や大きく・小さくの変化をつけて。
- 「音が出ないバッチン！」と、両手をパーにして、机をたたく動作をし、寸前のところでストップ。同様に拍手もやると、集中力がだんだんとアップしてくる。
- 隣の子と両手を打ち合って「バッチン！」。保育者と子どもが1対1で「バッチン！」。

4 鼻・耳つまみ「メリーさんのひつじ」

「メリーさんのひつじ」の歌に合わせて、鼻と耳をリズミカルにつまむあそびです。

スタート **保育者は鼻をつまんで、鼻声で「みなさん、これから鼻・耳つまみメリーさんをやりまーす。メリーさんは鼻・耳つまみが好きなのですって」。**

● まずは簡単に鼻・耳をつまむ練習。慣れたら速く手を動かす。
3歳児はこれを繰り返すだけで楽しめる。

① ♪**メリーさんの**
② ♪**ひつじ**
③ ♪**メエメエ**
④ ♪**ひつじ**
①②の繰り返し
⑤ ♪**まっしろね**
※2番以降の歌詞は①～⑤までの繰り返し。

①♪メリーさんの

拍手2回。

②♪ひつじ

右手で鼻、左手で左耳をつまむ。

③♪メエメエ

拍手2回。

④♪ひつじ

右手で右耳、左手で鼻をつまむ。

⑤♪まっしろね

拍手3回。

●つまみ方を複雑にしてみよう。はじめはゆっくり何度もやり、慣れたらテンポよく。

①③⑤は上と同じ。

② ♪**ひつじ**　右手で鼻、左手で右手の上をクロスし右耳をつまむ。

④ ♪**ひつじ**　左手で鼻、右手で左手の上をクロスし左耳をつまむ。

バリエーション ほかにも、子どもたちの好きな歌で「鼻・耳つまみ」の動作をやってみるとおもしろいです。

発散タイムに

子どもたちが活動に集中できないときや、落ち着きが見られないときには、思い切って活動を切り上げ、発散タイムをはさんでみましょう。発散タイムには体を使ったあそびが効果的です。

5 体をたたくとどんな音？

スタート 「パンと手をたたくと、いい音が出ます。口でも『プププ…』と、いい音が出るね。みんなの体は楽器みたいにいろんな音が出るね」

<手・指>

- 1本、2本、3本…と、指の数を増やしながら打ち合わせていく。音は違うかな？
- 友だちと両手を合わせて拍手。
- 指パッチンに挑戦。

<ほっぺ>

- 両手でポンポン。
- ほっぺをふくらませて指でポンポン。

<おしり>

- 自分のおしり、どんな音がする？

<おなか>

- おなかを軽くたたいてみよう。「タヌキみたいに、ポンポコ音がするかしら？」

<太もも・ひざ・足首>

- 足を投げ出して座り、太ももから足首まで、たたく位置をどんどん下げると、音が変わる？

<足>

- 「リズムをつけて、足で演奏よ」と保育者が、「トトトン、トトトン、トントントン」などリズミカルに言い、それに合わせて足を動かそう。「おもちゃのチャチャチャ」などの歌に合わせて足を動かしてみる。

point

子どもなりのユニークな音の出し方や動かし方を見つけて、みんなで楽しみましょう。

6 椅子や机でリズムたたき

「指で机をたたいてみて。あ、音が出た。4本の指でたたくとどんな音？」

- 椅子や机を自由にたたいてみよう。
- 人さし指や2本指で、手のひらで、グーでたたく。子どもたちの音の発見を楽しもう。
- 「トトトトトトン、ドンドンドン」など、自由にいろんなたたき方を試してみよう。
- 慣れたら、好きな歌に合わせてたたこう。

しゃもじ、スプーン、鍋のフタなど、音の出る生活用品を持ち寄って、「ガチャガチャバンド」を作りましょう。

発散タイムに

7 「よーい、集まれ」

長雨が続いてザワザワと落ち着かないときは、一度、子どもたちのエネルギーを発散させると心も体もスッキリ。また活動に打ち込めます。

「さあ、みんなで走る競争しようね。『よーい』のポーズを練習してみよう」

●走って並ぼう

①部屋の端と端に、ビニールテープで線を2本引く。

②2チームに分かれてそれぞれ線の上に立ち、「よーい、集まれ～！」の合図で相手の線の上まで走って、全員が線の上に早く並んだチームが勝ち。

③「お馬さんになってギャロップ」「カニ歩き」「ウサギさん跳び」など、いろいろな動きでやってみよう。

※ 広いホールで思いきりのびのび走ると楽しい。

●取ってターン

それぞれのチームの線の内側に、ブロックを子どもの数だけ並べておく。
合図で相手側にあるブロックを持ってターンし、自分の線の上に戻る。早く全員が自分の線の上に並んだチームが勝ち。

1～3歳児は、小さなリングや紙皿をハンドルに見立てて持ち、車になって走りましょう。

8 室内で「逃げろ逃げろ」

戸外でもできる追いかけっこですが、部屋の中でやるのも、つかまる確率が高いので、またおもしろいです。

スタート「ここは海の中にある○△□の島。海に落ちないように逃げないと、サメに食べられちゃうのよね」

●島オニ

ビニールテープで床に○△□をかいたり、段ボールを床にガムテープで固定したりして、「島」を作る。

①サメ(はじめは保育者がなる)チームと子どもチームに分かれる。

②保育者の「△の島に集合！」の合図で、子どもチームはいっせいに△の島に移動。

③子どもが移動するときをねらって、サメが島の外からタッチ。タッチされた子はサメになり、だれも島にいなくなるまで続ける。

point

島の大きさに大小をつけるとスリルがあります。

●さわりオニ

「椅子」「床」「カバン」など、さわるものを決めてからオニを決める。

例えば「椅子オニ」なら、椅子にさわっている間、オニはつかまえることができないが、「5」まで数える間に椅子から離れないといけないルール。

昼寝の前後に

昼寝の前はどの子も心がゆったりと落ち着くように、そして、寝起きの機嫌がよくない子も、ちょこっと楽しめるあそびをして、午後からの活動のジョイントにしましょう。

9 指のお顔でお話

利き手の指の1～4本に、水性マジックで顔をかいて、子どもたちとおしゃべりします。指の動かし方によって変わる表情が楽しく、子どもたちは大好きなあそびです。

スタート
「『あー眠たいなあ』あれれ、だれの声かしら？　何か聞こえたね」
「『あーよく眠ったなあ』あ、指くんも起きたのかな」

＜寝る前に＞

● 「こんにちは」と言って、人さし指の「ひとちゃん」を立てる。
「ボク、いっぱいあそんだから、疲れちゃったの」と指を話すように動かす。
「みんなは、いっぱいあそんだの？」子どもたちの声を聞いて、会話でやりとりをしよう。

● 「あーあ。わたしなんか、もう眠ってるよ」と中指の「なかちゃん」登場。

● 「ひとちゃん」「なかちゃん」のかけ合い。
「お昼寝すると、体の中の機械もゆっくり休めて、また元気がモリモリわいてくるんだよ」「そうか、ボクもお昼寝しよう」
「うん、起きたらまたあそぼうね」

<起きてから>

- 片手をグーにして、もう一方の手でグーの手をなでる。「起きてる？」「まだ寝てるかな？」と言ってから、「あーよく寝たなあ」「わたしも」と2本の指を立てる。
- 「あら、なかちゃん、まだコックリコックリしていますね」と中指をコックリさせる。

- 「あ、みんなももう起きたのね」と、子どもの目線にしゃがんで、1人ずつの鼻やほっぺを指でツンツンしたり、指と子どもの手とで握手をしたり、2本の指で触れ合おう。
- 「じゃあ、ボクたち元気に体を動かすから、みんなは手をたたいてくれる？」「1・2、1・2」と2本の指を曲げたり伸ばしたり。

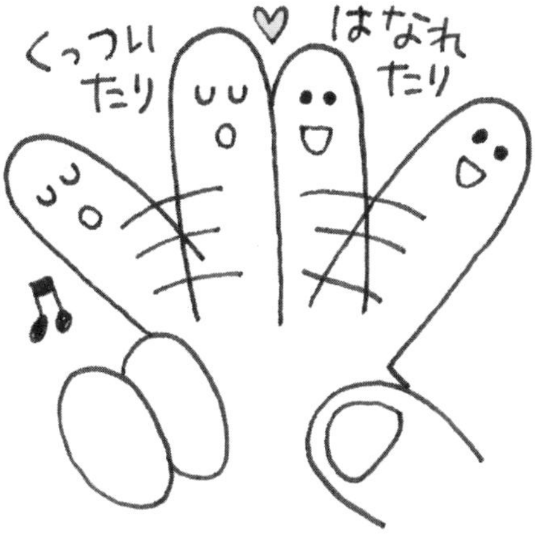

point

２本の指の声色を変えて、楽しくかけ合いでおしゃべりします。指を曲げたり、２本の指を接近させたり離したり、指の動きで様々な表情を出しましょう。

バリエーション

泣いている子のそばに寄って、「どうしたの？」「悲しいの？」と、指で子どもの頭やほっぺをさわりながら、なぐさめてあげるのも効果的な使い方です。

園外あそびに

散歩などで園外に出かけるときは、園内ではできないあそびを楽しみましょう。

10 大声大会

スタート 「大きな声を出してみよう。でも、のどが壊れないように気をつけてね」

● **クラスみんなで大声を出そう**
「1、2、3！」で、両手を口に当てて「おーい！　○○ぐみー！」などと声を出してみよう。

● **グループごとに**
「○○グループー！」と、保育者がグループの名前を言ったら、元気に「はーい！」と返事をする。

● **歌って踊って大興奮**
簡単なリズムで大声を出そう。保育者、またはリーダーになった子が言って、そのあとみんなが大声で叫ぶ。

きょうは　うれしい
（保育者やリーダー。以下同じ）
わっしょい　わっしょい
（全員の子ども。以下同じ）
えんそく　えんそく
わっしょい　わっしょい
おべんと　おいしい
わっしょい　わっしょい

Point
手拍子を取りながら自由に体を動かすと、かけ声がそろいます。

11 くつ飛ばし

昔からあるあそびです。おもちゃや遊具がない広い戸外で、くつでもおもしろくあそべる経験は大切かもしれませんね。

スタート 「くつを片方脱いだら…、そう、ケンケンするしかないね。ケンケン、できるかどうかやってみよう」

● 自分のくつをポーンと飛ばしてみよう

だれが遠くまで飛ばせるかな。飛ばしたくつはケンケンで取りに行こう。

※ひもぐつの子はひもをゆるめ、飛ばしやすいようにしておく。

1・2・3！
ポーーン

晴れ
雨
大あらし

● くつ飛ばしの天気予報

くつを飛ばして、表が出たら「晴れ」、裏が出たら「雨」、横になったら「大あらし」。

● くつ取り競争

少し離れたところに片方のくつを集めておき、「ヨーイドン！」でケンケンでくつを取りに行こう。

明日は
晴れ！だね

ケンケン

Point

遠くに飛ばしすぎてくつが見つからない、飛ばしたくつが友だちにぶつかった、などに注意します。

12 忍者の散歩

年中・年長児向け。人通りや交通量の少ない道や公園など、子どもたちがバラバラになって動いても危なくないような場所でやりましょう。

スタート 「これから忍者の散歩に行って、修行をします」「忍者は人に見つからないように歩くのが得意。みんな、忍者になれるかな？」

● まずは、「忍者に変身の術」。人さし指を立てたまま両手を上下に組み「忍者に変身、ドロン！」。

● 音が出ないようにぬき足さし足。つま先で忍者になって歩いてみよう。

●「あ、車が来た」の保育者の合図で壁にペッタリとくっつく「壁の術」。

●「自転車」「人」の合図で「氷の術」。「カキンカキン」とその場で固まって動かないようにする。

● 砂場の縁石や建物の影の上を、両手を広げて落ちないように歩く「忍者バランスの術」。

Point

保育者は真剣に忍者になって、子どもたちにお手本を見せましょう。

手裏剣を作ろう

折り紙で手裏剣を作って、「忍者の散歩」に保育者が持って行く。散歩の最後、「忍者の修行」が終わったら、忍者免許皆伝。手裏剣をプレゼントしよう。

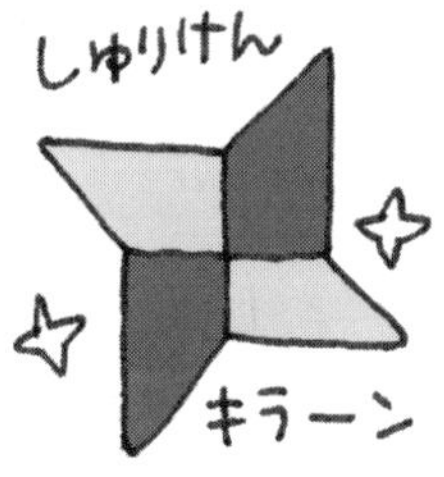

※手裏剣は顔に向かって投げないように注意をする。

13 いろんな道を探検

坂道、石畳、砂利道、土の道など、アスファルトの道だけでなく、いろんな道を歩くのが楽しいです。歩いているうちに、バランス感覚も自然に育ちますね。

スタート 「みんなの家の近くには、どんな道があるかしら？」「今日は転びそうなデコボコ道、石の道、坂道など、いろんな道を探検しま～す」

- 平らな普通の道は、「♪○○ぐみの　でんしゃです　ガッタンゴットン」とみんなで歌うように言いながら、歩こう。
- タイルや敷石の上を、「ピョンピョン」とウサギさんになって跳び移ろう。
- 砂利道、「ジャラジャラジャラ」と足で石にもぐるように歩くのがおもしろい。

- 歩道橋の階段を2～3人組で、ジャンケンしながら上ろう。グー＝グリコで3段、パー＝パイナップルで6段、チョキ＝チョコレートで6段上る。
- 車が来ない坂道を見つけて、「なんださかこんなさか」と言いながら、子どもたちと歩こう。

Point

子どもは一生懸命になると先の方が見えないので、危険はないか、歩く人に迷惑をかけていないかに十分に配慮しましょう。

帰りの会に

保育者が子どもと1人ずつ触れ合って、楽しく別れましょう。

14「はい、お手紙ね」

さようならをしたあとに、1人ずつ「お手紙」でミニコミュニケーション。

スタート　「最後に、みんなにわたすお手紙があったの。順番に並んでね」

- 子どもと向かい合い、しゃがんで両手を取る。
- 「お手紙、どこにかく？　背中？　おなか？　それとも手？」と子どもに聞き、人さし指で子どもの体に手紙をかくまねをする。「今日は、鉄棒をよくがんばりました」と、その子のがんばれたことを言いながら、かこう。
- かいたら、おでこやほっぺ、おしりに「切手をペタン」と言って貼るまねをし、「バイバイ」。

バリエーション　小さい紙を用意しておき、簡単な絵や文章をかいて、本物の手紙をわたします。

よく
歌えたね
かき
かき

てつぼう
がんばった
ね♥
切手を…
ペタ
えへ

point

子どもの目線にしゃがみ、ゆっくりと指を動かし、1人ひとりとていねいに触れ合って別れましょう。

15 2人組で「むすんでひらいて」

お友だちと楽しく触れ合って「またあした」。

「両手をのびのびのび〜って、上のほうに思いきり伸ばしたら、今度は下にダランと下ろして…。あー気持ちがいいね」

①♪むすんで

手を交差させて両手で握手。

②♪ひらいて

握手したまま両手を広げる。

③♪てをうって

腕を頭の上に伸ばして、
手合わせ2回。

④♪むすんで　①と同じ。

⑤♪またひらいて　②と同じ。

⑥♪てをうって　③と同じ。

⑦♪そのてで　なかよしポーズ

2人組の好きな仲よしポーズ。

慣れたら、足も一緒に動かしてみましょう。

♪むすんで

手は①。足を曲げて
背を丸め、「ダンゴ虫」。

♪ひらいて（またひらいて）

手は②。足を開いて
「おすもうさん」。

♪てをうって

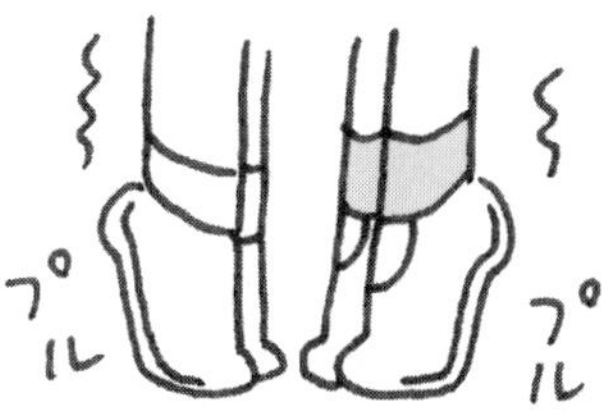

手は③。爪先立ちで
背伸びして「きりんさん」。

column

活動と活動のジョイントは ちょこっとあそびで

朝のはじまりのとき、1人ひとりの子どものいろんな表情や顔色、ようすなどを見ながら、スムーズにスタートできるように、ちょこっとあそびで触れ合う。
子どもたちが全員そろってあいさつをして、出欠を取る前後、軽く手あそびや言葉あそびをして、子どもたちの気持ちをこちらに注目させる。
そして主活動に入り、子どもたちの集中がとぎれがちになったとき、ちょこっとあそんでパッと集中させ、活動を続ける。主活動が終わり、次の活動に移行するとき、また軽く導入のあそびをする…。

1日の流れを考えると、子どもたちの園での生活すべてが、ちょこっとあそびの集まりのようにも思えるくらい、ちょこっとあそびで子どもたちとコミュニケーションを取ることが多いのに気がつきますね。
ちょこっとあそびを活動のジョイントにうまく活用し、子どもたちが1日を楽しく過ごせるようにしてほしいと思います。

第2章

季節・行事に合わせたちょこっとあそび

季節行事や園行事の導入や、

余興に使えるあそびを紹介します。

新学期に

保育者やクラスの友だちの名前や顔を楽しく覚えて、仲よし度をアップさせたいですね。

16 自己紹介に鳴き声をプラス

年中・年長児向けの自己紹介。好きな動物の鳴き声を言ったり、鳴き声で返事をしたり、早く名前を言いたくなる自己紹介です。

スタート
「ブタ、イヌ、ウシ、ニワトリ、ライオン、ネコ、ヒヨコ、ネズミなど、みんなの好きな動物の鳴き声はな〜に？」

● 好きな動物はな〜に？

だれかが動物の鳴き声を言ったら、ほかの子どもは手をたたく。
「さかいゆうたです。ボクはイヌが好きです、ワンワンワン」

● 動物の鳴き声で返事

「えんどうゆうきくんです」と保育者がその子のそばに行き、みんなに名前を教える。子どもは動物の鳴き声と簡単な動作をつけて応えよう。

バリエーション
電車や掃除機や救急車など、好きなもので返事をします。子どもたちの発想をみんなで楽しみましょう。

point

小さな声で返事をする子には、「○○くんは、今ブタさんになってお返事したのよね」とみんなに伝えたり、何の動物にしていいかわからない子には、保育者が一緒に声を出したりします。

17 ボールを使って自己紹介

ボールを使いながら、自己紹介をしたり隣の人の名前を当てたりして、友だちの名前を聞くチャンスを多くします。

スタート 「ボールの荷物をお隣の人へわたしていきますよ。でも名前を大きな声で呼んであげないと、荷物はわたせませ〜ん」

● 「お隣へ、はい」

はじめは「お隣へ、はい」だけを言ってボールを右隣の人にわたしていく。1周したら、保育者の「ストップ」の合図で、ボールを持った子が「○○です」と自己紹介。

● 隣の子の名前を言おう

保育者が1人ずつ、子どもの名前を確認してからスタート。ボールをわたすときに、「○○くん、はいどうぞ」と必ずわたす人の名前を言う。ストップの合図で、ボールを持った子は自己紹介をしてから、みんなのまわりを1周する。

バリエーション 2人1組で少し離れて向かい合い、1人が「○○くん」とボールを転がしながら相手の名前を言って、受け取る子は「は〜い」と言いながらボールを受け取ります。

新学期に

18 おもしろ握手

タッチはスキンシップには欠かせません。まずは、握手からコミュニケーションを始めましょう。

スタート「みんな一緒にあいさつをしたけど、先生ね、1人ひとりともう一度あいさつしたいなあ」

<子どもと保育者と1対1で握手>

● ぬいぐるみで握手

4月の1週間ぐらいは、ぬいぐるみを持って、子どもたち1人ひとりと「おはよう」「お名前、聞かせてね」とぬいぐるみの声色で手を差し出して、握手。

● リズミカルに握手

右手で「おはよう、ギュッギュッギュッ」。子どもの手が出ないときは、保育者からやさしく握手しよう。

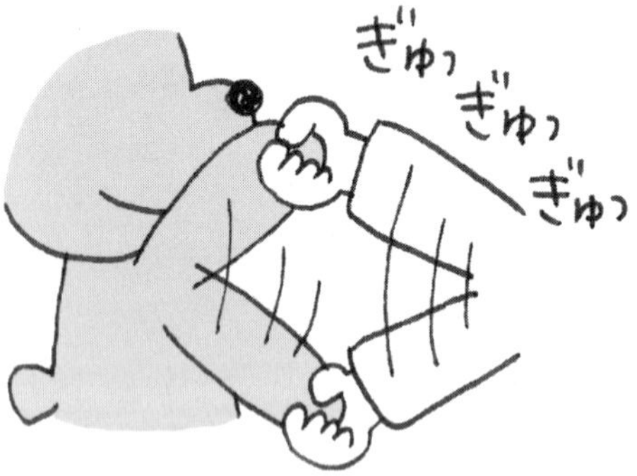

point

新学期は、子どもが来るのを待つのではなく、保育者から子どもに近づき、言葉をかけたり握手をしましょう。

●「おせんべ焼けたかな」握手

子どもの手を両手ではさみ、「おせんべ　おせんべ　焼けたかな」とリズミカルに上下に動かしながら、適当なところで「焼けた！」「パクパクパク」と手をはさんだまま保育者が食べるまね。手の冷たい子は、保育者の手で「おいしいおせんべいになりますように」とさすってあげよう。

●「フレール・ジャック」の替え歌を保育者が歌いながら握手をしよう。

フレール・ジャック

作詞／不詳
フランス民謡

① ♪○○○さん　どこですか
② ♪ここよ　ここよ
③ ♪おげんきですか
④ ♪ありがとげんき
⑤ ♪こんにちは　こんにちは

①

♪○○○さん　どこですか

②

♪ここよ　ここよ

③

♪おげんきですか

④

♪ありがとげんき

⑤

♪こんにちは　こんにちは

<たくさんの友だちと握手>

① 音楽に合わせて、輪の中を自由に歩く。保育者が「こんにちは」と合図したら、できるだけ多くの友だちと「こんにちは、ギュッ」と言いながら握手する。

②「さようなら！」の合図で、素早く椅子に座る。

バリエーション

輪になって座り、「白い靴下をはいてきた人」「バスの○○コースの人」「髪かざりをつけてきた人」など、条件をつけてそれに合う子ども同士が中央に出て、握手をし合います。

新学期に

19 友だちとぺったんこ！

体をくっつけて、保育者とも友だちともあっというまに仲よしになるあそびです。

スタート

「手や体に、ベッタリとのりをつけてくださいね。のりをいっぱいつけたら、ピタッとくっついてあそびましょう」

● 2人でぺったんこ

2人組で手をつなぎ、音楽に合わせて動く。保育者の「手」「おしり」「肩」などの合図で、2人でくっつけ合う。

● だれかにぺったんこ

1人ずつ音楽に合わせて動く。「○○ちゃんに、ぺったんこ！」という保育者の合図で、全員が名前を言われた子にくっつく。

point

年長児なら「中指同士、ぺったんこ」「ひざとひざ、ぺったんこ」など、合図を複雑にするとおもしろさがアップします。

バリエーション

輪になって手をつなぎ、音楽に合わせて歩きます。保育者が「手」と言ったら手を床につけ、「あご」と言ったら「あご」を床につけます。くっつけたスタイルがユーモラスで思わず笑えます。

20 数えて散歩

いろんな数え方で楽しく手をつないで歩きます。ちょっとしたワクワクドキドキをみんなで共有して、友だちと仲よしになりましょう。

スタート 「だるまさんがころんだ。さあ、いくつ数えたでしょうか？」

●「かみさまのいうとおり」

輪になって座る。保育者が歩きながら「だれにしようかな、かみさまのいうとおり！」と、人さし指で子どもを数え、「り」で最後に止まった子どもが当たり。当たった子は保育者と手をつなぎ、「かみさまの…」と数える。

●「だるまさんがころんだ」

輪になって座ったまま、全員両手で目をふさぎ、「だるまさんがころんだ」と数える。保育者は輪の外を子どもに気づかれないように歩き、「だ！」でだれかの後ろにそっと立つ。後ろに保育者が立っている子は保育者と手をつなぎ、はじめから繰り返す。

バリエーション 1人のオニを決め、オニが「ちゅうちゅう　たこ　かい　な」と数えて、5人の子どもと手をつなぎます。次にオニが「ちゅう」と言ったら素早く座ります。椅子は常に1つ少なく置き、座れなかった子が次のオニになります。

遠足の前・遠足に

「遠足にはどうやって行くのかな?」「どんなことをするのかな?」と考えるだけでワクワクドキドキ。「遠足あそび」でさらに気分を盛り上げましょう。

21「1、2、遠足!」

「遠足」という言葉をたくさん聞いたり言ったりして、遠足気分を味わえるゲームです。

スタート 「もうすぐ楽しい遠足。行く前に、遠足ごっこを楽しもうね」

①「先生」役を1人と「園」にする場所を決め、歌を歌いながら歩く。

②「先生」の「1、2、遠足!」の合図で全員ストップし、そのままポーズ。

③「動いているのはだれかな?」と「先生」が見て回り、グラグラしている子には、もう一度「1、2、遠足!」と声をかけよう。

④ちゃんとポーズを取った子を、「遠足に行こう」と誘い、手をつないで歩く。

⑤だんだんと手をつなぐ子を増やし、「1、2、3、4、5、遠 足!」と「先生」が叫んだら大急ぎで「園」の中に入ろう。

Point

ストップしてポーズを取るのがおもしろいので、保育者がおもしろくポーズを取って見本を見せましょう。

22 遠足ごっこ

2歳～年少児向けの遠足ごっこ。保育者の言葉かけで、みんな一緒に遠足に行った気分が楽しめます。

スタート
「みんな、先生のおうちにいらっしゃ～い。これから遠足に行きますよ。どこに行こうかなあ？」

坂道だよー
よいしょ
よいしょ

①目的地が決まったら、車に乗って「しゅっぱ～つ！」。保育者が運転するまねをし、子どもたちは後ろについて一緒に動こう。

②スピードを上げたり、信号でストップしたり、坂道を上ったりなど、楽しく動く。

バク
バク
バク
ハンバーガー
おいちー

③「さあ、遊園地に着きました！」「あーおなかがすいた。お弁当にしましょう」「ハンバーガー、ハンバーガー、バクバクバク」と両手を開いたり握ったり、楽しく食べるまねをしよう。

④「おなかがいっぱいになったら、お昼寝で～す。グーグーグー」とみんなで横になる。

⑤「キンコンカンコン！　あ、帰る時間だね」とまた車に乗り、「楽しかったね、ただいま！」で到着。

やっほー

Point

子どもたちの意見でストーリーを変えながら、楽しいアドリブをたくさん入れて、進行させましょう。

バリエーション
段ボール箱のトンネルや、ビニールテープの道路を作り、遠足の劇ごっこに発展させます。

プールあそびの前などに

子どもがよく知っている「チューリップ」の体操です。プールあそびや運動の前などに、歌いながら体を動かしてウォーミングアップ。

23「チューリップ」

スタート
「みんなでチューリップになって体操しようね。最後はきれいに咲いたチューリップになってね」

①♪さいた　さいた

屈伸。

②♪チューリップの　はなが

足踏み。

③♪ならんだ　ならんだ

体側。

④♪あかしろ　きいろ

前屈、後屈。

⑤♪どのはな　みても

手を左右にブラブラ。

⑥♪きれいだな

両手を上に伸ばして背伸び。
手はチューリップに。

point

お遊戯でなく体操なので、伸ばすところはよーく伸ばし、曲げるところはしっかり曲げるなど、メリハリをつけて動きます。

24 ウォーミングアップあそび

スタート

「体がびっくりしないように、手や足を上げたり下げたりしようね」

●上げたり下げたり

① あげたりさげたり あげたりさげたり

右手右足を上げ下げする。

② きりがない

両手を腰に当て、
おしりをフリフリ。

③ ポーズ

好きなポーズで決める。

※ 左手左足、右手左足など、組み合わせを変えたり、高く上げたり横に伸ばしたり、リズミカルにやろう。

●トンネルヤッホー

ひざを伸ばして、足のトンネルから後ろにいる友だちに「ヤッホー！」。

●曲げて伸ばして、ピン！

両手を床につけ、手足を伸ばしてピン！　寝転がって手足をまっすぐに伸ばし、力を入れてピン！

●ブラブラくん

手、足、おしり、頭もブラブラブラ。

Point

それぞれの運動のポイントを押さえながら、動かしましょう。あまり体を動かさない子には、「先生と一緒にやろうよ」などと声かけをして。

運動会の練習の合い間に

運動会は楽しみでも、暑い中、長時間の練習に飽きてダラッとする子どももも多いでしょう。練習の合い間に、ちょこっとあそびで気分転換。

25 元気タイム

スタート 「練習、疲れたね。さあ『元気タイム』です。思いきり大声を出して、またがんばろう」

● 言葉あそびでシャキッとしよう

大声を出すのは気分転換にGOOD。ダラダラしていた子もシャキッとします。

うんどう　かいかい
かけっこ　けっこけっこ
たいそう　そうそう
リレー　リレリレ
つなひき　ひきひき
おべんとう　べんべん
すいとう　すいすい

バリエーション 簡単な動作をつけます。「かいかい」＝バンザイ、「けっこけっこ」＝両手を前に押す、「そうそう」＝グーをパーの手に打ちつける、「リレリレ」＝両手を走るように動かす、など。

point 「かいかい」の重ね言葉は、声色を変えてユーモラスに言うと楽しいです。

26 ゴロンタイム

練習の合間だけでなく、練習後や、オニごっこなどの外あそび、散歩から帰ったあとなどに、ゴロンと横になって体も心もクールダウン。

スタート 「さあ、ゴロンと横になってみよう。横になったら何か聞こえてくるよ」

● 静かに静かに

目をつぶって、外の車の音、風の音、ほかの組の声などを聞く。
胸に手を当てて、体の音を聞いてみよう。
床に耳をつけて、自分の手で床をこすったり軽くたたいたりした音を聞く。

● のびのび、ブラブラ

足をまっすぐに伸ばし、片手でもう片方の手首を持ち、のびのびとまっすぐ伸ばす。寝たまま、両足を上げてブラブラ。

point

リラックスタイムなので、保育者と同じでなくても、ゴロンとして子どもがゆったりとすることでOKです。

冷たい袋でペタペタ

暑い中、戸外の運動会の練習は子どもも大人もバテてしまう。ポリ袋に氷や水を入れ、顔や手足にペタペタ。これだけでも涼しくなる。

芋掘りのあとに

芋掘りは、秋の恒例行事。土を掘ってさつま芋に触れて、食べたら、やっぱりあそびにも活動にも、さつま芋を取り入れたくなりますね。

27 芋掘りゲーム

2チームに分かれ、芋掘りゲームをします。交互にさつま芋チームと収穫チームになって、さつま芋をたくさん収穫したチームが勝ち。

スタート 「○○組のさつま芋も、大きく育っているみたい。これからみんなでさつま芋掘りに出発しましょう」

① それぞれのチームはマットの上に乗る。ジャンケンで勝ったチームが先に収穫し、負けたチームがさつま芋になる。
② 収穫チームがさつま芋チームの子どもたちを引っぱって抜こうとする。さつま芋はマットにつかまり、抜かれないようにがんばる。
③ 抜けたさつま芋の数を数え、次は役割をチェンジしてやろう。

point
大きな段ボール箱を用意し、抜かれたさつま芋の場所にしましょう。

28 さつま芋ジャンケン

昔ながらの「お寺のおしょうさん」の歌詞を変えて、ジャンケンあそびをします。

スタート

「さつま芋は、最初に芽が出て花が咲いて、そして芋になります。ジャンケンあそびで、さつま芋ができるまでをやってみようね」

- 「さあ、さつま芋の苗を植えま～す」で、子どもは手のひらを上にして、保育者が苗を植えるまねをする。

①♪せっせっせの　よいよいよい

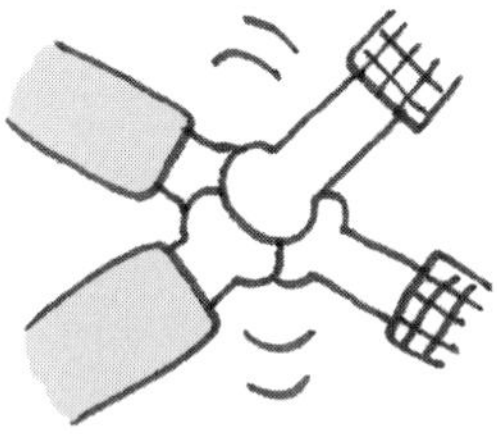

向かい合った2人の子どもが
両手を取り合って上下に振り、
「よいよいよい」で手を交差。

**②♪おてらのおしょうさんが
さつまいもの　なえをうえました**

拍手1回、右手同士で1回、拍手1回、
左手同士で1回を繰り返す。

③♪めがでて　ふくらんで

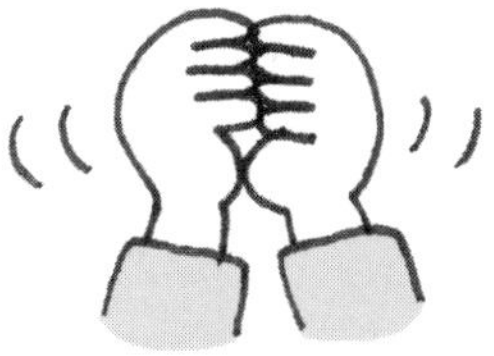

両手をピタッと合わせ、
ふくらませる。

④♪はながさいたら

両手を開く。

⑤♪ジャンケンポン

ジャンケンをする。

お寺のおしょうさん

わらべ歌

column

新学期の緊張は、まずは保育者からリラックスしよう

新学期は、保育者のやることがたくさんあります。それに加えて、慣れない保護者や子どもたちに気を遣い、保育者も毎日が緊張の連続ですね。でも、子どもたちも保育者以上に緊張しているはず。まずは保育者が、自分自身の緊張をほぐす工夫をして、子どもたちと一緒にちょこっとあそびを楽しめるといいですね。

●鏡に向かって「ニッコリ」と口元を動かしてみましょう。眉間のシワが伸びて、顔の表情が変わってきます。「あいうえお」と大きくはっきりと口を動かし、顔の筋肉をゆるめるのもいいですよ。

●朝のはじまりに、子どもと何気なくおしゃべり。「先生ね、今日お寝坊しちゃって、朝ごはんを食べる時間がなかったの」などと、保育者自身のことや通勤途中に見たものなどを、話してみるのもいいでしょう。

●簡単なリラックス体操を、子どもと一緒にやってみましょう。しゃがんでから、「大きく大きくな～れ」と、だんだん大きくなってグーンと背伸び。「朝のタコタコ体操」は、手や足、首をタコみたいにフニャフニャ動かします。意外と全身運動になって、筋肉がほぐれます。

第3章

毎日の活動に使える ちょこっとシアター

身近な物を使ってすぐにできるちょこっとシアター。

活動の導入におすすめです。

1 朝の会に ぱっくんお面

ボーっとしている子どももいる朝は、「ぱっくん」を登場させて盛り上げます。ぱっくんを使って天気の話をしたり、当番を伝えたり。楽しく朝をスタートさせましょう。

準備　色画用紙（できれば、両面で色が異なるダブルクラフト紙）、はさみ、マーカー

作り方

1　画用紙をよこ半分に折り、折り線と垂直に、切り込みを入れます。
2　切り込みを入れた部分を、上と下に開くようにしながら、折り目をつけます。
3　画用紙を開いて、くちばしになるように、折り目部分を内側に折り返します。
4　マーカーで目を描きます。

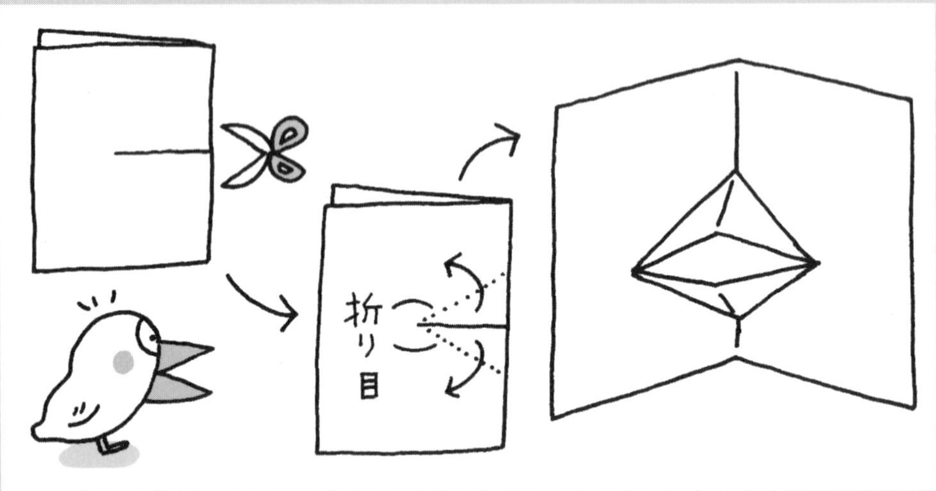

仕上がり例

扱い方　両手で画用紙の両端を持ち、顔の前で紙をたたんだり開いたりします。口がパクパク動くので、表情が出て、とってもおもしろい！

画用紙を
折って切るだけ

子どもが緊張しているときや、次の活動に移るときなどにも使えます。

「パクパク! パクパク! ぼくは、ぱっくん。今日は、いいお天気だね〜。パクパク!」

お面を顔に当て、手を動かし口をパクパクさせながら、子どもたちに話しかけます。
いつもの保育者の変身した姿に、子どもたちはくぎづけ!

「今日のお当番さんは誰かな? どこにいるかな?」

楽しくやりとりしながら朝の確認をおこない、子どもたちの気持ちを盛り上げていきます。

「恥ずかしいのかな? じゃあ、ぱっくんに任せて!」

子どもが恥ずかしがっていたら、ぱっくんを渡してあげましょう。

2 手洗いの前に 洗濯物人形

「手を洗おう」という生活指導のきっかけ作りに、ハンカチ人形を使ってちょっとしたシアターを見せるアイディアです。

準備 ハンカチ、洗濯バサミ、割り箸、ひも、丸シールなど

1 20センチほどのひもを用意。一方の先を割り箸に、もう一方のひもの先を洗濯バサミに結びつけます。これを2個作っておきましょう(A)。ハンカチには、あらかじめ丸シールなどで顔をつけておくとスムーズ。

※以下は、子どもたちの前で仕上げます。

2 ハンカチの上辺に割り箸を当て、Aの洗濯バサミで2カ所をはさみます。手足に見立てた洗濯バサミを1個ずつハンカチに留め、それぞれ2、3個ほどつなげます。

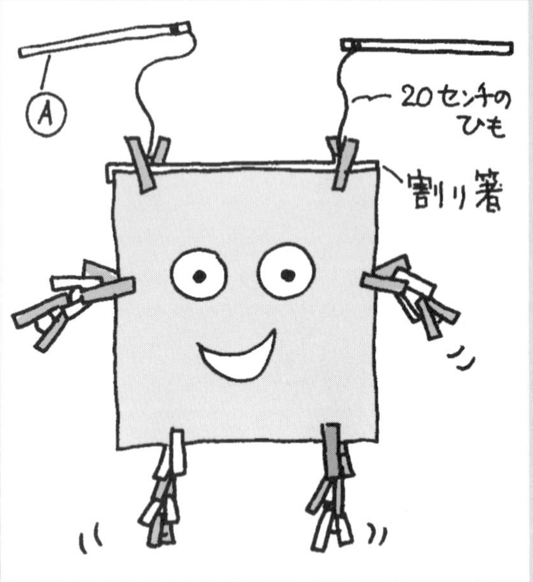

「パッチン、パッチン! これは、何に 使うものだっけ?」

まずは、子どもたちに洗濯バサミを見せます。

ハンカチを
吊るして動かす

日常保育の合い間や、夏のお誕生日会の前に使えます。
生活指導のきっかけ作りに利用してもいいですね。

**「じゃあ、先生のハンカチもお洗濯するね。
パッチン、パッチン」**

準備しておいたハンカチに割り箸を当て、ひものついた洗濯バサミではさみます。ハンカチにつけた顔が、子どもたちから見えないように注意。

**「パッチン、パッチン。
ここにも、ここにもつけていくと……。
さて、どうなるかな?」**

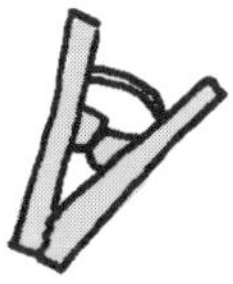

吊るしたハンカチを見せながら、手や足を1個ずつつけていきます。

**「タランラランラララン!
あらら、ハンカチが
踊りだしたよ」**

ハンカチを前後に返して顔を見せ、洗濯物人形を操作します。子どもたちが人形に意識を手中させたところで、手洗いに誘導します。

「ではみなさん　手を洗いましょう」

3 お昼寝の前に 折ってめくって百面相

1枚の折り紙で、色いろな表情が作れる楽しいあそびです。子どもたちと一緒に顔マネをしたり、クイズ形式にして、ラストで「おやすみ」にもっていきます。

準備 折り紙、マーカー

イラストのように、折り紙に絵を描きます。ひと角ずつ折るごとに、色いろな表情に変わっていきます。

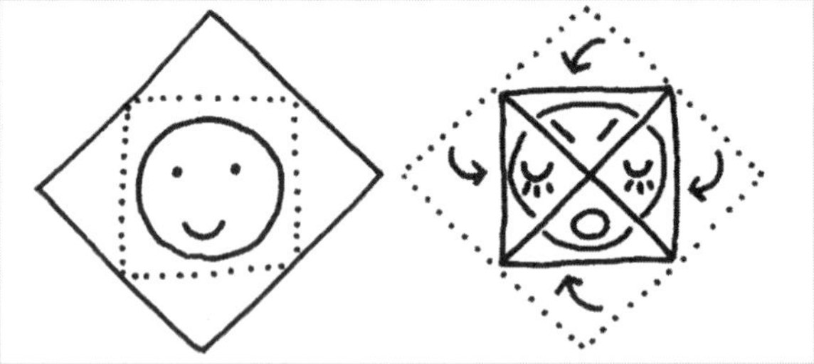

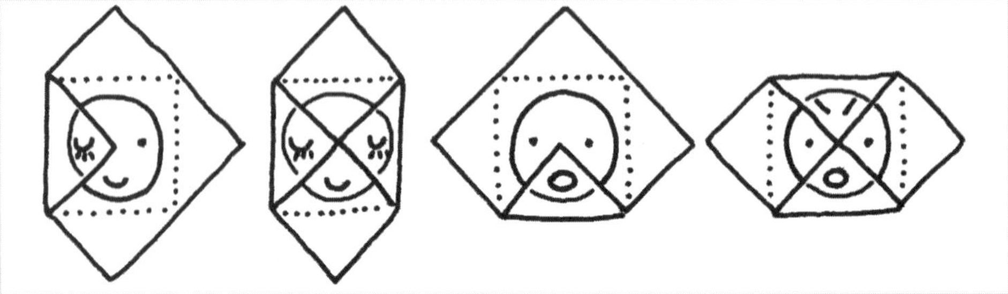

「こんにちは! 私の名前は スマイルちゃんです」

開いた状態の絵を子どもたちに見せて話しかけます。

折り紙に描いて折るだけ

ゲームあそびや折り紙あそびの前に。朝や帰りの会など、日常保育の合い間にも使えます。大きな色画用紙に代えれば、行事にも活用できますね。

「一緒にウインクしようよ」

左右を折りながら、みんなでウインクをしてみます。

「大きく口を開けて、オーイ」

下部分を折り、声を出してみましょう。

「眠るときは、スヤスヤ? グーグー?」

左右を一緒に折ったり、
上部分を折ったりしながら、
表情を変えていきます。

プラスαの工夫

折った状態を開きながらあそぶこともできます。1カ所ずつ開きながら、「耳が大きくなっちゃった」「おさるさんかな?」「あれれ、ぞうさんでした!」と展開できます。

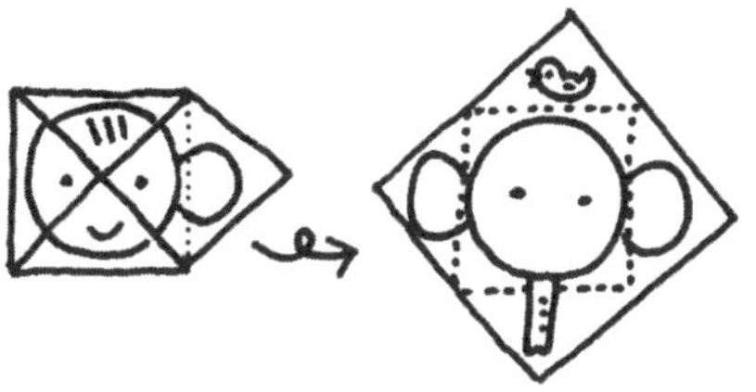

④ 活動の合い間に ぽんぽこ顔変化

紙コップをひねると、たぬきの目がキョロキョロと動く楽しいしかけです。発表会の練習など、緊張を要する活動のあとは、子どもたちの気持ちをほぐしてから次の活動に移りましょう。

準備　紙コップ2個、カッター、マーカー

上の紙コップ：イラストのようにカッターで穴を開け、たぬきの絵を描きます。頭の上や裏面にも、葉っぱや煙の絵を描いておくと、楽しく演じられます。
下の紙コップ：表と裏に女の子、男の子を描きます。目は、たぬきの紙コップをかぶせてから描き入れるのがコツ。

動かし方
重ねた紙コップの側面を持って、下になったほうの紙コップをくるくると左右に回します。

「キョロキョロ……おしゃべりしている子はだれかな？」

たぬきの紙コップを登場させ、
目を動かしながら子どもたちに話しかけます。

「みやこちゃんかな？ それともいさむくんかな？ キョロキョロ……」

子どもたち一人ひとりの近くで、
たぬきの目の動きを見せてまわりましょう。

紙コップに穴を
開けて重ねて回して

朝や帰りの会、ふれあいあそびの前のほか、
造形あそびの導入としても使えます。

「よーし、静かになったぞ！ このすきに変身しちゃえ！ ドロローン！」

子どもたちの注目が集まったのを見計らって変身！
上の紙コップをくるくる回したり、頭の葉っぱの絵を
見せながら、上の紙コップを外します。

「わー！　女の子になったよ！」

「ウフフ。こんにちはー！ 今日は何してあそぼうか？」

紙コップ人形を使って、
子どもたちにあいさつをします。

Go! Next!

「変身失敗〜」などと言いながら、ふたたび紙コップをかぶせたり外したり。たぬきの動きや変身を楽しく見せ、子どもたちとの会話を楽しみましょう。子どもたちの緊張がほぐれたところで、次の活動に移ります。

5 子どもの注目を集めるときに 色いろセロハン

赤、黄色、青のセロハンを重ねて、色いろな色を作り出していきます。3色のセロハンが6つの色に変化するなんて、不思議！　子どもの注目を集めること間違いなしです。

準備

セロハン3色（赤、黄色、青）、紙皿6枚、カッター、セロハンテープ

1　紙皿の中央を丸く切り抜きます。
2　紙皿の裏側にセロハン1色を貼り、もう1枚の紙皿を重ねて、セロハンテープで留めます。それぞれの色を同様に。

※3色を重ねる→黒　青と黄色の2枚を重ねる→緑　赤と青を重ねる→紫　赤と黄色を重ねる→オレンジ色と、組み合わせによって、色を作ることができます。

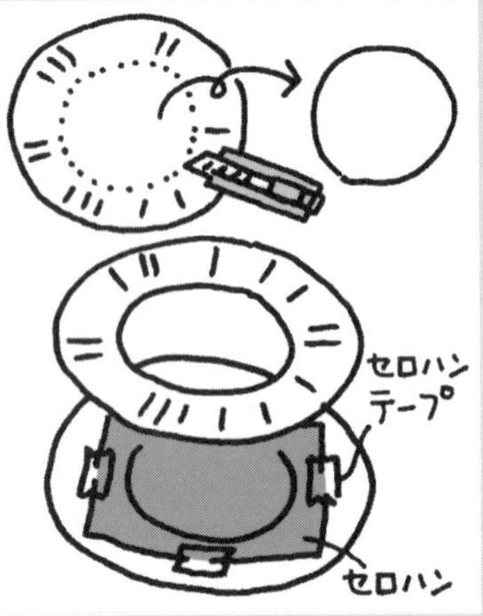

「真っ黒焦げのお団子があります」

3色の紙皿をすべて重ねて、子どもたちに見せます。

「今から、色の違う2個のお団子にしてみますよ～。うううう～ん、えい!」

赤い紙皿を引き抜きます。

「緑と赤のお団子だ!!」

「おいしそうなお団子になったね」
と言いながら、
また3枚重ねて黒に戻します。

「もっと別の色のお団子も欲しいね。次は、何色が出てくるかな?」

黄色の紙皿を抜いて、
紫と黄色にします。
そのあと、もう一度、黒に戻して、
青を抜き出し、オレンジ色と青を
見せます。

6 読み聞かせの前に うさぎのおうち

折り紙を折りながら、うさぎのおうちを作っていきます。外にいたうさぎが、最後にはちゃんと家の中にいるように仕上がります。扉を開いたり閉じたりしながら、ストーリーを展開させ、読み聞かせにつなぎます。

準備　折り紙（できれば一辺25センチの大きなもの）、マーカー

※子どもたちの前で、スムーズに折るために、最初に折り線をつけておきましょう。

1　折り紙を裏返して折り、左側にうさぎを描いておきます。

2　中心に折り線をつけます。

3　左右それぞれ、中心に折り線をつけ、AとA'部分の袋を開いて、三角屋根を作ります。

「雪の中であそんでいた、うさぎのうさちゃん。迷子になっちゃった…」

準備しておいた折り紙を子どもたちに見せます。

「おうちはどこ?」

折り紙に描いて折るだけ

読み聞かせやシアター、折り紙あそびの前に。大きな色画用紙に代えれば行事にも活用できますね。

「じゃあ、うさちゃんを おうちに帰してあげましょう」

準備2のように、うさぎが隠れるように、半分に折ります。

「三角お屋根が見えてきた」

準備3の手順で折り紙を折り、家を作ります。

「トントン、トントン、うさちゃんは おうちに帰れましたか?」

と言いながら、左側の折り紙をめくると、
うさちゃんが!

「はーい! どうも ありがとう!!」

プラスαの工夫

大きめの画用紙を正方形に切り、あらかじめ家を作っておき、中に動物や家具などを描き込んでおけば、ちょっとしたシアターあそびの舞台になります。

Go! Next!

「うさちゃんは、おうちに帰って、お母さんに本を読んでもらうことにしました」など、次の活動に続けられるように結びます。

7 発散あそびとして 抜けない紙

室内あそびが続くと、子どものストレスはたまりがち。子ども同士のトラブルも増えてきます。そんなときは、「抜けない紙」で引っ張りっこ。思いっきり力を出す体験でストレス発散。

準備 画用紙を50枚程度

トランプを切るときの要領で、紙を交互に重ねます。少し練習をしておきましょう。

「今日は、ちょっとおもしろい準備体操をしてみましょう!」

用意した紙をみんなに見せ、半分に分けます。

「パラパラ、パラパラ。こうやって、交互に紙を重ねていきますよ~」

紙を重ねて、最後は上をパンパンとたたき、隙き間ができないようにします。

画用紙を重ねて引っ張るだけ

ホールで運動あそびをやる前の準備体操に。また、子どもが体を適度に動かすので、保育室での気分転換や雨の日あそびの前にも使えます。

「端と端を持って、引っ張り合いっこをしてみよう!」

子どもを2人呼び、紙の端と端を持たせて引っ張り合いっこをしてもらいます。

※このとき、紙の間に隙き間があると、摩擦の力がなくなり、簡単に抜けてしまうので、注意を。

「あれれ? のりもつけていないのに、離れないね。じゃあ、先生に任せてみて!」

両端から中心に向けて紙を少し寄せ、隙き間を作ってから「エイや!」とかけ声をかけて抜いてみせます。

「簡単に抜けた!!!」

プラスαの工夫

画用紙の代わりに、ノートや本などを使うこともできます。あまり厚くなく、柔らかい紙のものを選んでください。

Go! Next!

「私もやってみたい!」と子どもたちが群がってきたら、ノートを用意して、子どもたちに、引っ張り合いっこをしてもらいましょう。ひと通りすんだら、活動に移ります。

8 発散あそびとして ゆらゆらクラゲート

室内あそびの中にゲーム性をもたせると、子どもたちは大いに盛り上がります。発表会の練習が続いたり、外で走りまわってあそぶ時間がとれないときなどにおすすめのシアター&ゲームです。

準備　スーパーのレジ袋、マーカー、ガムテープ

レジ袋は折り目の通りにたたんでしわを伸ばし、イラストのように切ります。マーカーで顔を描き、4本の足の先に小さく切ったガムテープを貼ります。

作り方のコツ
足の先の重りをあまり重くしないのが、ゆっくりと落とすコツ。重りの違うクラゲートをいくつか用意して、飛ばし比べをしても楽しいでしょう。

「見て見て！ 先生、ヘンなもの つかまえちゃった〜！」

棒(ほうきなどでOK)の先にクラゲートをかぶせて、子どもたちの前に登場します。そんな保育者の姿に、子どもたちも興味を示すはず。

「なんだか生きている みたいだよ」

「何だと思う?」などと子どもたちに問いかけてみましょう。

レジ袋を切って落とすだけ ＞ 運動あそびのほか、運動会などイベントの幕間にも使えます。拍手の練習に利用するのもおすすめ。

「それじゃあ、放してみるよ。そーれ」

棒を斜め上に突き上げるようにして、
ふわりとクラゲートを放します。

「ゆっくり落ちていくね」

ゆらゆらと落ちていくクラゲートに、
子どもたちの視線はくぎづけに!

「今度は、地面に落ちるまで、拍手をしてみようか。何回、手をたたけるかな? そーれ!」

ふわりとクラゲートを放して、
子どもたちと一緒に
拍手をします。

ワンポイントアドバイス

拍手をしながら、一緒に数を数えるのも楽しいものです。「今度は10回たたけたよ。次はもっとたたけるかな?」と、子どもたちは夢中になるはず。保育者は飛ばし方や重りを工夫して(左ページ参照)、浮遊時間を調整してみましょう。

Go! Next!

そのまま、クラゲートを追いかけてみたり、子どもたちにも飛ばしてもらったりしながら、運動あそびにつなげていってもいいですね。

9 帰りの会の前に ちらり劇場

保育者の肩から、ぬいぐるみの顔がチラチラと見え隠れ……。単純なシアターですが、子どもたちはその動きに興味津々。子どもたちとのやりとりを楽しみながら演じてみましょう。

準備 20センチほどの小さなぬいぐるみ、45センチ程度のものさし（そのほかの棒でもOK）、輪ゴム（太いものがベター）

ものさしの先にぬいぐるみの胴体を輪ゴムで留めるだけでOK。2カ所を留めるとより安定します。

動かし方のコツ

片方の手でものさしの端を固定し、もう片方の手で振り子のように左右に動かして練習を。ものさしの面を保育者の背中に這わせるようにすると、ぬいぐるみの向きがずれにくく、うまく操作できます。

「今日もいっぱいあそんだねー」

背後に隠したぬいぐるみを、チラチラとのぞかせながら、子どもたちに話しかけて、反応を待ちます。

「先生の後ろに、うさぎがいるよ!」

そんなふうに反応してきたら…

ぬいぐるみにものさしをつけて動かす

日常保育の合い間に。
子どもたちの緊張が解けない、学期初めのさまざまな活動の前にも使えます。

「え？ うさちゃんがいるの？ どれどれ…いないよ!?」

子どもが指し示す方向を見ながら、
すばやくぬいぐるみを引っ込めます。
子どもたちの反応に合わせながら、
ぬいぐるみのほうを見る、
引っ込めるの動作を繰り返しましょう。

「そこに隠れているよ！」

「わー！ ビックリした！」

タイミングを見計らい、ぬいぐるみと鉢合わせたふりをして、
大げさに驚きます。

ワンポイントアドバイス

何と言っても、出す、引っ込める、のタイミングが肝心。子どもたちは、見つかりそうで見つからないかくれんぼのような動きに、ついひき込まれていくのです。子どもたちの前で見せる前に、鏡の前で少し練習しておくといいですね。

Go! Next!

「いたずらしてないで、出ておいでよ」と言ってぬいぐるみを前に出します。以降は、ぬいぐるみと保育者とのかけ合いを見せながら、帰りの会につなぎます

column

たくさんではなく、ちょこっとで、子どもの意欲を刺激しよう

季節に合わせた様々な行事がありますが、子どもたちを集めて、いきなり「さあ、始めます」というわけにもいきませんね。大人のように、自分で選んで集まりに参加するのではなく、子どもの意思とは無関係に大人の計画が先にあり、それに子どもたちが合わせさせられるというのが園の行事です。
まず、どんなことを、何のためにやるのかな、という保育者の話があり、そして「おもしろそう」「早く参加したい」「やってみたい」と思えるように、子どもの意欲を刺激しないと、楽しい行事にはならないですね。

行事を始める前に、パッとあそんで保育者に注目を集めたり、行事の真ん中で、子どもたちの集中力がとぎれたときに気分転換をしたり。また、行事が終わってその余韻を楽しむときにも、ちょこっとあそびは役立ちます。
たくさんではなく、ちょこっとあそぶことで、メインの行事の印象をより引き立てる効果があるのです。「あー楽しかった。またやりたいな」と子どもたちが思えるような、メリハリのあるちょこっとあそびを心がけたいですね。

第4章

季節・行事に合わせたちょこっとシアター

季節感たっぷりのシアターで、

季節や行事への興味を高めましょう。

10 春の散歩の前に イモムシの変身

散歩の前のシアターは、子どもたちが自然に興味を向けるきっかけづくりにもってこい。「イモムシの変身」を見て、春探しの散歩に出かけましょう。

準備 おしぼりタオル、カラーボール、モール、セロハンテープ、両面テープ

絵を描いたカラーボールをおしぼりタオルに両面テープで貼りつけ、顔の額の部分に、V字に折ったモールをセロハンテープで貼ります。おしぼりタオルの下部分を顔の方にたぐり寄せ、セロハンテープで留めたら準備完了。

イモムシの動かし方

左右のおしぼりを前で重ねてくるっと丸め、両手で首と胴体を持ってクネクネと動かします。胴体を持った手を離しておしぼりを少し開くとサナギに、おしぼりを全部開くと、ちょうちょうに変身します。

「みんな、イモムシって見たことある？」

まずは、子どもたちに問いかけてみましょう。

「こーんな虫だよ。クネクネクネ……」

イモムシを登場させ、
子どもたちの目の前で動かします。

タオルを丸めて広げて	遠足や散歩など、野外活動の前のほか、ふれあいあそびなど、日常保育の合い間にも利用できます。

「葉っぱを食べて大きくなったら…ほ～ら、サナギになりましたよ」

胴体から手を離し、おしぼりのすそを少し開きます。

「じゃあ、もっと大きくなったら何になるか知ってる?」

サナギを使って問いかけ、
子どもたちの答えを待ちます。

「ひらひらひら～。なんと、キレイなちょうちょうになりました!」

いろいろな答えが出たところで、
おしぼりを開いてちょうちょうに。
子どもたちの頭の上を、ひらひらと漂わせます。

Go! Next!

「今日はちょうちょうに会えるといいね」「イモムシはどこにいるのかな?」と、子どもたちの興味を上手に保ちながら、散歩につなげましょう。

⑪ 遠足の前に ぼよよ〜ん動物

平らにたたんだゴミ袋を空中に放ると、あっという間に空気が入って大きな物体に早変わり！　遠足で動物園に出かける前や、移動動物園の来園前などに、いろいろな動物を登場させて、期待を高めましょう。

準備　カラーポリ袋（45ℓ）、広告紙4枚（新聞紙一面サイズで厚いもの）、セロハンテープ、マーカー

〈シンプル型〉

1　広告紙を斜めに置き、端から丸めて細い棒にします。この棒4本をポリ袋の口のサイズに合わせて輪にし（イラストを参照）、セロハンテープで留めます。

2　マーカーで動物の顔を描いたポリ袋の口に、1の輪をセロハンテープで留めます。

〈ネコ型〉

ポリ袋に目や口を描いてからシンプル型を作り、仕上げに袋の上辺を10センチほど折ってセロハンテープで留めます。空気が入ると、折り曲げた部分の角がピョンと出て、まるでネコの耳のよう!

投げ方のコツ

輪が地面に平行に落ちていくように、両手でふわりと投げ落とします。輪投げをする感覚で投げるとGOOD。

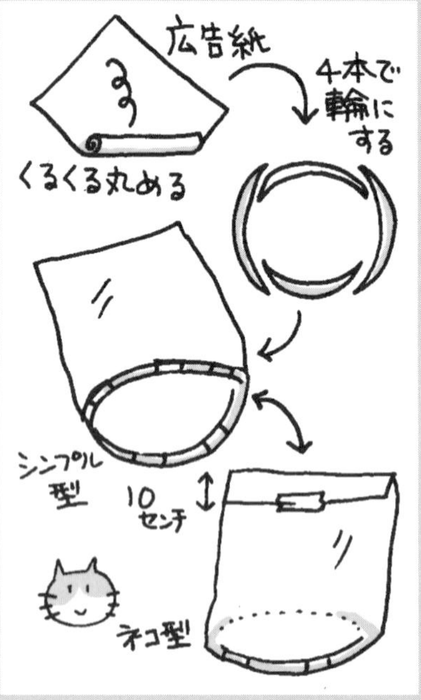

「まんまる、まんまる……。これはいったい何でしょう? 大きなお皿かな? それともUFO?」

まずは、子どもたちに大きな輪を見せながら問いかけてみます。

ゴミ袋を
投げて落とすだけ

遠足や散歩など、屋外活動の前に使えます。
運動会の進行に利用してもいいですね。

「もしかしたら輪投げの輪？飛ばしてみよう！ エイッ！」

子どもたちの注目が集まってきたところで、シンプル型を投げ落とします。

「もうひとつあるよ。今度は何が出るでしょう？ エイッ！」

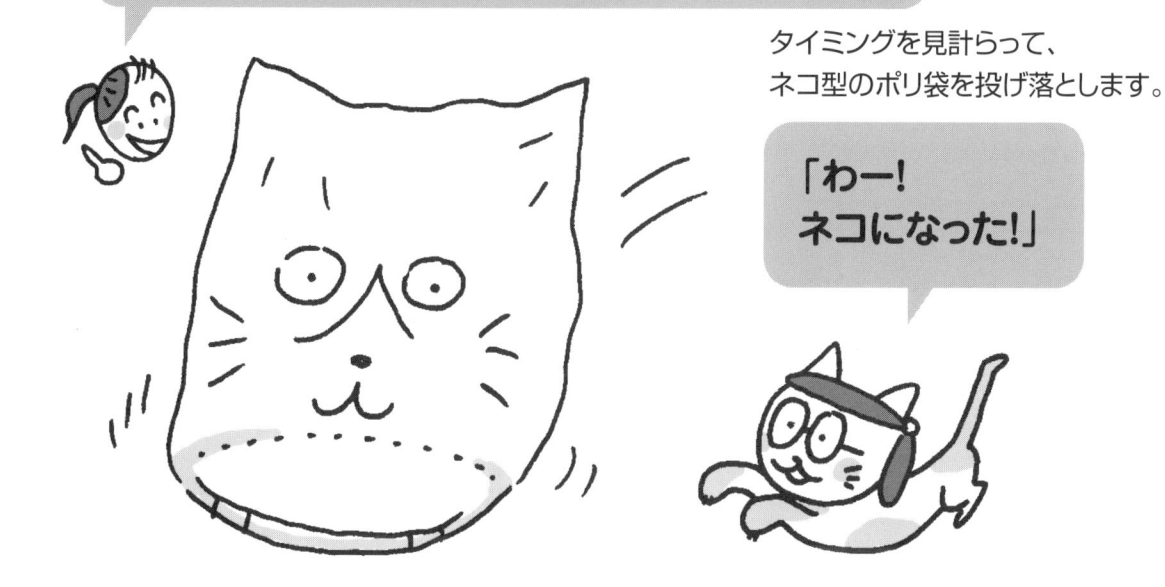

タイミングを見計らって、
ネコ型のポリ袋を投げ落とします。

**「わー！
ネコになった！」**

⑫雨の季節に 着せかえ紙コップ

外で思いきりあそべない雨の日は、子どもたちの気持ちもそぞろになりがち。紙コップの着せ替え人形を使ったミニシアターで、次の室内あそびへとスムーズに導きましょう。

準備 紙コップ、はさみ、マーカー、クレヨンなど

紙コップ1個に、下半分に洋服を着せたキャラクターの絵を描きます。
残りの紙コップは半分に切って、下の部分だけを使います。それぞれ、パジャマ、園服、レインコートなどの絵を描いておきましょう。

着せかえ洋服のアイディア例

「今日は雨だから、お外であそべないね」

キャラクター紙コップを登場させ、
子どもたちに話しかけます。

紙コップを切って重ねて

保育室でのあそびや造形活動のほか、生活指導の前にも応用できます。

「レインコートを着ればへっちゃらだけど…」

と、レインコートを着せます。紙コップ人形の早変わりに、子どもたちは興味を示すはず。

「ひゅ～! 風が強いからカゼをひいちゃうかも」

レインコートを脱がせて、パジャマに着がえさせます。

「だから今日はお外はやーめた! みんな、何してあそぼうか?」

園服に着がえさせて、子どもたちに話しかけます。

ワンポイントアドバイス

クレヨンや絵の具を使った造形あそびなら、そのままの流れでスムーズに移行できます。洋服サイズに切った紙コップを用意しておき、着せかえ用の洋服を作ってもらってもいいですね。

13 お泊り会の夜に 懐中ぴかりん

明かりが消えて真っ暗やみになった保育室では、子どもたちは不安や興奮で落ち着かなくなるもの。レジ袋と懐中電灯を使った不思議なおばけ人形で、明るく盛り上げましょう。

準備 スーパーのレジ袋（白い半透明のもので、あまり厚くないタイプ）、懐中電灯、輪ゴム、曲がるストロー、マーカー

レジ袋の持ち手側をイラストのように切り、マーカーで顔を描きます。これを懐中電灯にかぶせ、背中側にストローを挟んで輪ゴムで留めたら完成。最初はくしゃくしゃにつぶしておきます。

懐中ぴかりんのしくみ

懐中電灯に半透明のレジ袋をかぶせると、光の反射と屈折によって明るさがアップ。差し込んだストローから空気を入れてふくらませると、さらにボワンと不思議な白い玉のようになります。空気を入れたり抜いたり、その変化も見せどころのひとつ。

「しーっ。みんな、何か聞こえない？」

ぴかりんを後ろ手に隠し、耳をすますしぐさで子どもたちに問いかけてみます。ときどき、ぴかりんのレジ袋を触ってガサガサと音を立てると、子どもたちの集中力も高まります。

「みんなには何か見える？」

キョロキョロと見回すしぐさをしながら、視線とは別の方向で、パッ、パッとぴかりんをつけたり消したりしてみましょう。

懐中電灯にレジ袋をかぶせて 発表会の幕間など、室内を暗くしたときのほか、おばけ大会の出しものにも使えます。

「ひゅ〜う〜〜う〜〜う〜〜」

タイミングを見計らってぴかりんをつけ、ひゅ〜っと声を出しながらストローから息を吹き入れます。まずはゆっくりと半分程度までふくらませてから息を吸って空気を抜き、ぴかりんを消します。

「あれー？ 隠れちゃったよ！何だろう？」

途中でしぼんでしまった不思議な物体に、子どもたちはドキドキワクワク！

「ひゅ〜う〜〜う〜〜う〜〜」

先ほどと同じようにぴかりんに息を吹き入れ、今度は最後までふくらませます。

「じゃーん！ おばけのぴかりんです。こんばんはー」

ぴかりんを使って子どもたちにあいさつをします。

Go! Next!

ふくらませたぴかりんを使って、子どもたちに話しかけたり、一緒に歌を歌ったり。次の活動に移るときは、「バイバーイ」「おやすみー」などと言って、ぴかりんの空気を抜いていくといいですね。

14 夕涼み会にミラクルジュース

暑い夏にピッタリの水を使ったビックリショーです。ペットボトルをシャカシャカ振ると、ふたにしかけた絵の具が溶けだして……。ただの水がおいしそうなジュースに早変わりする手品に、子どもたちは大喜び間違いなし！

準備 ペットボトル（500㎖ 3本）、ペットボトルのふた（4個）、絵の具（オレンジ、赤、緑、青）、画用紙、クレヨン、マーカーなど

1 ペットボトルのふたの内側に絵の具をしぼり出します。このまましばらく置いて、絵の具の表面を少し乾かしておくのがコツ。
2 イチゴ、オレンジ、青菜の絵を描いた画用紙をペットボトルに貼ります。
3 2のペットボトルに水を8分目ほど入れ、1のふた（赤=イチゴ、オレンジ=オレンジ、緑=青菜）を閉めます。青のふたは最後に使用。

「見て、おいしそうな
ジュースがあるよ。
イチゴジュースに、
オレンジジュースに、青汁もある!」

よく見える位置にペットボトルを並べながら、子どもたちに話しかけます。

「ジュースじゃないよ!
水だよ!」

ペットボトルに絵の具をしかけて振るだけ

水あそびの前のほか、絵の具を初めて使うときなどにも使えます。

「エッヘン。では、先生が魔法をかけます。エイエイエイエイ、オレンジジュースになあーれー!」

腕まくりをしたり、
手に息を吹きかけたりなどしたあと、
ペットボトルを持って大げさに振ります。

「わー、ジュースになった!」

できあがったきれいな色水に、
子どもたちはビックリ。
イチゴ、青汁も同じように作ります。

「そうだ。グレープジュースも欲しかったよね」

イチゴジュースのふたを開け、匂いをかぐふりをして子どもたちの注意を引きながら、青の絵の具を入れたふたと交換します。

「エイエイエイエイ、グレープジュースになーれー!」

赤い色水をよく見せてから、ふたたび大げさに振ります。
紫色に変わったら、マジック終了!

Point

作ったジュースは、子どもたちが飲んだりなめたりしないように注意。ちゃんとマジックのたね明かしをしてあげてください。

15 おばけ大会の前に てるてるおばけ

おばけ大会をこわがる子どもは必ずいるもの。そこで、よく見慣れたてるてるぼうずの出番です。保育者とてるてるぼうずのかけ合いを楽しく見せて緊張をほぐしながら、かわいいおばけを登場させましょう。

準備

ふろしき、タオル、輪ゴム、フェルト、丸シール、両面テープ

1 丸めたタオルをふろしきで包み、てるてるぼうずを作ります。丸シールやフェルトで顔のパーツを作り、両面テープで貼ります。

2 てるてるぼうずの胴体（スカートの部分）をめくってひっくり返し、結び目が頭のてっぺんになるように、おばけの顔のパーツを貼ります（おばけの顔は、てるてるぼうずの胴体の内側になります）。てるてるぼうずとおばけとの差を出すため、目や舌は大きめに作るのがコツ。

「先生、おばけこわいな〜」

手に持ったてるてるぼうずに話しかけ、大げさにこわがるふりをします。

ふろしきを丸めて ひっくり返して	7、8月のお誕生日会など、梅雨明け頃のイベントに使えます。 人形に進行役を任せてもいいですね。

「おばけなんて、うそだよーん!」

腹話術のように声色を使って、てるてるぼうずを演じます。

「おばけなんて、いないよーん!」

「どうして知っているの?」

てるてるぼうずに問いかけます。

「だって、ぼくが変身していいるんだもーん! ひゅーうドロン!」

片手でてるてるぼうずの後頭部を持ち、
すばやくひっくり返して、
おばけに変身させます。

プラスαの工夫

クラス単位で行なう場合は、ハンカチのてるてるぼうずでも十分に盛り上がります。子どもたちが作ったてるてるぼうずにこっそりしかけて、変身させても楽しいでしょう。

Go! Next!

おばけ人形とのかけ合いを見せたり、一緒に歌を歌ったり。子どもたちが落ち着いたところで、会を進行させます。

16 お月見会に でたでたお月さま

画用紙を折り、半円を切り、それを広げて丸を作るだけのしかけです。あらかじめ、内側の面に、お月さまの顔を描いておきましょう。

準備　色画用紙、はさみ、マーカー

画用紙にマーカーでお月さまの顔を描いておきます。その面を内側にして、2つ折りにします。

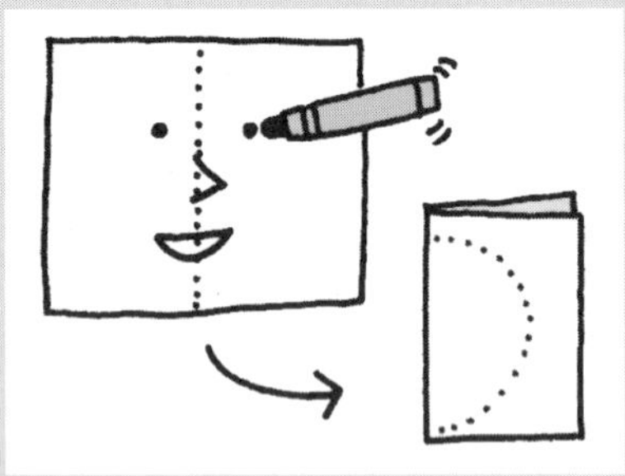

「お月さまって、どんな形をしている?」

子どもたちに、お月さまの形について問いかけます。

「半分だけの、こんな形かな?」

画用紙を2つ折りにして半円に切り、それを子どもたちに見せます。

画用紙に描いて
折って切るだけ

お散歩に出る前に太陽を登場させたり、日常保育の合い間にも使えます。

「みなさん、
こんにちは。
まんまる
お月さまです!」

切った半円を、バーンと広げて、
まんまるお月さまを登場させます。

「今日の夜、
外に出て、
私を探して
みてくださいね」

お月さまが子どもたちにやさしく
語りかけます。

「私と同じ、まんまるお月さまが、
ニコニコ笑っているよ」

プラスαの工夫

紙を何枚か重ねて切り、お月さまをいくつも登場させ、子どもたちに配るのもいいでしょう。

Go! Next!

お月さまの話をしながら、お月見の会に移っていきます。

17 お誕生日会に 赤が好きな紙コップ

磁石の力を利用した、簡単手品です。紙コップに磁石を仕込み、折り紙をホッチキスで留めるだけ。お誕生日会など楽しいイベントにピッタリです。

準備

磁石、紙コップ、折り紙（赤と青）、はさみ、ホッチキス、セロハンテープ

1 紙コップの底の裏に、磁石をセロハンテープで貼ります（小さい磁石なら2～3個）。
2 折り紙を細長く切ります（各色3本ずつ）。
3 赤い折り紙にはホッチキスをつけ、見えないように三つ折りにして、セロハンテープで留めます。
4 青い紙（ホッチキスをつけない）も同様に折り、セロハンテープで留めます。

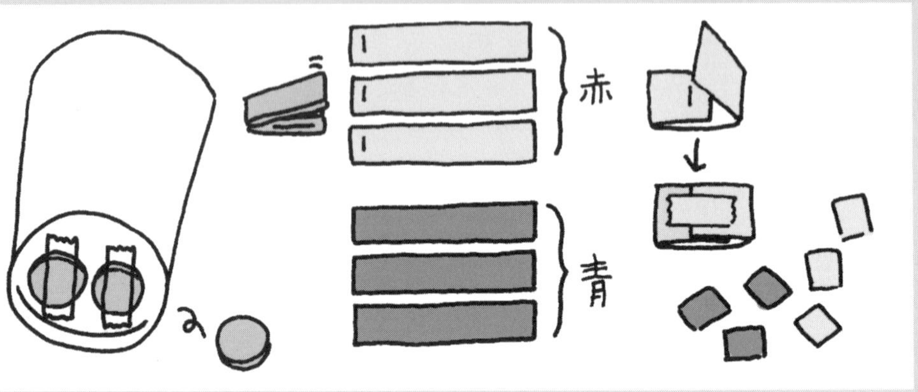

「たねもしかけもない紙コップがここにあります」

紙コップの底を手で隠しながら、子どもたちに紙コップの中を見せます。

折り紙を切って しかけるだけ

お誕生日会やお楽しみ会などの前に。
ビックリ手品で子どもたちの注目を集めましょう。

「この紙コップ、実は赤い色が大好きなんだよ」

「その証拠に、ここにある赤い紙と青い紙をコップに入れてみます」と言いながら、コップに紙を入れていきます。

「赤が好き〜、赤が好き〜」

紙コップの口を手でふさいで、呪文をとなえ、紙コップを少し揺すります。

「青い紙だけが出てきちゃった!」

紙コップを逆さまにすると、ホッチキスのついていない青い紙だけが落ちてきます。

「もう一回、やってみて〜!」

紙コップに残った赤い紙を取り出し、もう一度やってみせます。

Go! Next!

コップの底の磁石と赤い紙のしかけを見せて、たね明かしをしましょう。「な〜んだ、そうだったのか」と、子どもたちが納得したところで、次の演目に移ります。

⑱ 冬のイベントの前に くっつき人間

空気が乾燥している冬ならではの静電気を利用した手品です。静電気が起こりやすいスチレン皿を、保育者の体にペタペタとくっつけて見せましょう。当日はセーターを着て挑んでください。

準備　スチレン皿（あまり大きくないものを数個用意）、セーター

「さて問題です。このお皿を体にくっつけるには、どうしたらいいと思う？」

スチレン皿にのりもテープも貼っていないことを見せながら、子どもたちに質問を投げかけます。

「のりで貼る？テープで貼る方法もあるね」

いろいろな方法を、子どもたちから聞き出します。

スチレン皿を こすってつけるだけ

12〜2月のお誕生日会やクリスマス、お正月など、冬のイベントに使えます。

「でも、実はもっと簡単な方法があるよ。くっつけ〜、くっつけ〜と、となえるだけで……」

呪文をとなえながら、スチレン皿をセーターの表面でこすり、体につけます。

「わー、くっついた」

「どんどんくっつけるから、みんなで数えていてね。1個……、2個……」

セーターのあちこちに、スチレン皿をくっつけていきます。ポトっと落ちたら再挑戦。かえって子どもはハラハラドキドキするものです。

プラスαの工夫

すずらんテープやレジ袋なども静電気が起こりやすく、容易にくっつきます。体につけたすずらんテープの端を持ち上げ、「ほら、つながってるよ〜」と見せても不思議!

Column 子どもをひきつける パフォーマンスのポイント

声

「大きな声ばかりを張り上げない」

子どもたちが静かにしないからと、大きな声ばかりをあまり張り上げないようにしましょう。「静かにしてー！！」という保育者の声が、いちばんうるさかったりします。おなかから出す“通る声”と小さな声のメリハリが大切。

目

「視線はまんべんなく、1人ひとりの目を見る」

子どもたち1人ひとりに話しかけているような気持ちで、視線はまんべんなく行き渡らせましょう。そのときは、きちんと子どもの目を見ることが大切。目が合った子どもは、話を真剣に聞くようになるはずです。

指

「ムダなく明確に動かし、しっかりと指したい所を指す」

子どもたちは、指や手の動きを目で追うので、示したい場所を明確に指すようにします。また、ムダな動きをしないようにすることも大事。指先はきちんと伸ばし、なるべく大きくわかりやすく動かすようにしましょう。

体

「どうどうと背筋を伸ばし、動きは大きく」

猫背だったり、うつむき加減だったりすると、声が通りにくくなる上、子どもたちの集中力も散漫になってしまいます。背筋を伸ばし、美しい姿勢をとるようにしましょう。そして、動きは少しオーバーなくらいがベストです。

間

「話す、黙る、動く、止まる。反応を見ながらメリハリよく」

パフォーマンスをするときに大切なのは「間」です。子どもたちの反応を見ながら、トークやアクションに「間」を入れてメリハリをつけましょう。この「間」が、子どもたちの興味や関心をグッとひきつけます。

色

「使う色は虹の七色が基本。組み合わせる場合は、反対色を」

パフォーマンスに使う色は、虹の七色が基本です。遠くから見てもハッキリとわかるビビッドな色を選ぶようにしましょう。色を組み合わせるときは、赤なら緑、青ならオレンジなど、反対色を合わせると視覚的効果が上がります。

形

「基本はシンプルな○△□。目をつけると注目度がアップ!」

パフォーマンスに使う製作物の形は、シンプルな○△□が基本です。子どもたちの人数が多いときは大きく作るように心がけましょう。製作物に目や口をつけると、子どもたちの注目をさらに集めることができます。

音

「声や手足をじょうずに使って、効果音を随所に入れる」

手をたたいたり、足を踏みならしたり、声を出したり。体を使った効果音を随所に入れると、パフォーマンスの印象が強まります。小さな音は子どもたちの集中力を高め、大きな音は驚きを倍増させるのに効果的です。

光

「表情が暗くならないように、明るい場所でパフォーマンス」

暗い場所では、表情が沈んでしまうので、印象がダウンしてしまいます。パフォーマンスをするときは、明るい場所を選ぶのが鉄則。口を大きく開けたり、目を開いたり、メリハリのある表情を作ることも忘れずに。

間

「動作はゆっくりわかりやすく、変化は一瞬で驚きを!」

手を振ったり、製作物を動かしたりする動作は、ゆっくりわかりやすくが基本。また、何かを変化させて驚きを与える場合は、一瞬が勝負。動きに緩急をつけて、子どもたちの関心をギュッとつかんで離さないようにしましょう。

最後に…　失敗してもリセットすれば大丈夫！

失敗してもオロオロしないことが大切。落ち着いてフォロー＆リセットすれば大丈夫です。失敗を笑いに結びつけられるくらいになれば、上級者ですね！

編著者紹介

●グループこんぺいと

幼稚園教諭，保育士が集まって設立した幼児教育の専門集団。東京都世田谷区において，子どものスペース「台所のある幼児教室」を運営。幼児の食育，あそび，学びなどに関する著書多数。

http://www.compeito.jp

●築地制作所

造形作家３名と編集者３名による制作ユニット。子どものための造形，遊びをテーマに，雑誌，書籍，テレビ，イベントなど媒体を問わずに活動を展開している。著書に『５回で折れる！遊べる折り紙』『３歳からのはじめてのおりがみ遊び』『５回で折れる！折り紙おもちゃ』（以上，PHP 研究所）などがある。

イラスト：山口まく　石川えりこ

本文デザイン：オフィス・フロッグス

ＤＴＰ作成：(株)明昌堂

カバーデザイン：(有)ベラビスタスタジオ

編集：(株)こんぺいとぷらねっと

子《こ》どもも先生《せんせい》も楽《たの》しいちょこっとあそび＆ちょこっとシアター

2015年６月５日　初版発行

編著者　グループこんぺいと
築《つき》地《じ》制《せい》作《さく》所《しょ》

発行者　武馬久仁裕

印　刷　株式会社　太洋社

製　本　株式会社　太洋社

発　行　所　株式会社　黎《れい》明《めい》書《しょ》房《ぼう》

〒460-0002　名古屋市中区丸の内 3-6-27　EBS ビル　☎052-962-3045

FAX052-951-9065　振替・00880-1-59001

〒101-0047　東京連絡所・千代田区内神田 1-4-9　松苗ビル４階

☎03-3268-3470

落丁本・乱丁本はお取替します。　ISBN978-4-654-06094-8